Reese tiene un secreto de Halloween

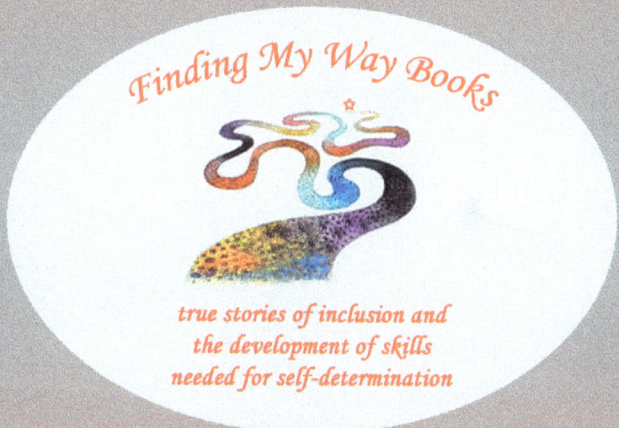

true stories of inclusion and
the development of skills
needed for self-determination

de Jo Meserve Mach y
Vera Lynne Stroup-Rentier

Fotografías de Mary Birdsell

Traducción de Karen Díaz-Anchante

© 2016 Jo Meserve Mach , Vera Lynne Stroup-Rentier, Mary Birdsell

All rights reserved. No part of this book may be used or reproduced in any manner without permission except in the case of brief quotations embodied in critical articles or reviews.

Reese tiene un secreto de Halloween

Finding My Way Books
3512 SW Huntoon St.
Topeka, Kansas 66604
wwww.findingmywaybooks.com
(785(273-6239

ISBN 978-0-99683-573-2

Printed in the United States
10 9 8 7 6 5 4 3 2 1

For more information or to contact the author, please go to wwww.findingmywaybooks.com

Contenido:

Capítulo Uno: Me llamo Reese
Capítulo Dos: Yo decido
Capítulo Tres: Yo imagino
Capítulo Cuatro: Yo planifico
Capítulo Cinco: Yo mido
Capítulo Seis: Yo construyo
Capítulo Siete: Sorpresa

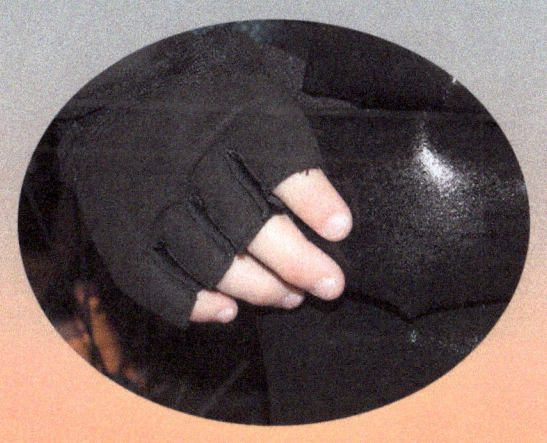

Capítulo Uno
Me llamo Reese

Hola, mi nombre es Reese.
Me encantan las sorpresas.
Halloween se acerca y preparo mi mayor sorpresa del año.

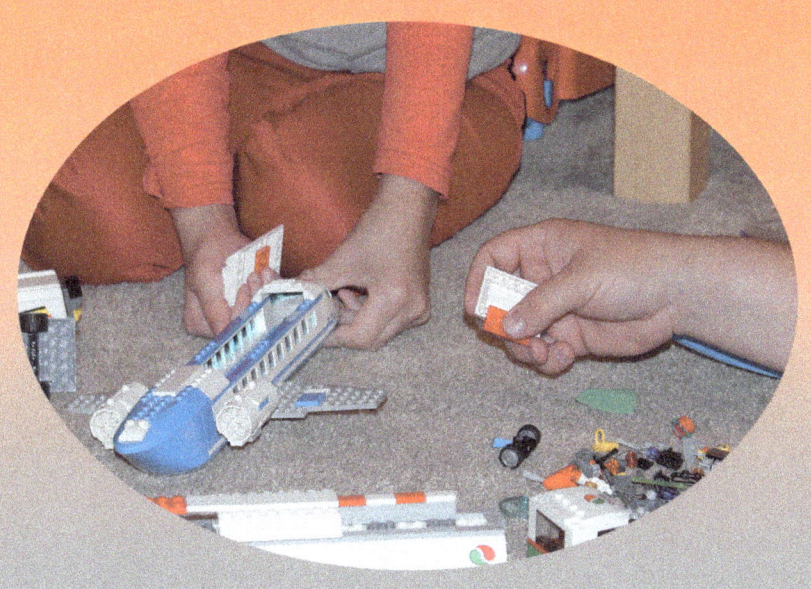

También me encanta construir.
Mis juguetes favoritos son los juguetes de construcción.
Tienen muchas piezas y uno puede crear cualquier
cosa cuando empieza a construir.

Cada año, pienso en lo que podría construir para mi disfraz de Halloween.
Papá y yo trabajamos juntos y hacemos que mi disfraz sea una gran sorpresa.

Mi hermano, Callen, trata de ayudar.
Mamá sabe que a mi papá y a mí nos encanta hacer mi disfraz.
Es nuestro secreto familiar de Halloween.

"¿Qué vas a ser para Halloween?"
Eso es lo que todo el mundo me pregunta.
A veces es difícil mantenerlo en secreto.
Por eso les doy pistas a todos.

Capítulo Dos

Yo decido

Mi vecino Larry me pregunta,
"¿qué vas a ser para Halloween?"
Yo le doy una pista,
"es algo que se puede construir."

Todo el año pienso en mi disfraz de Halloween.
¿De qué debería disfrazarme?

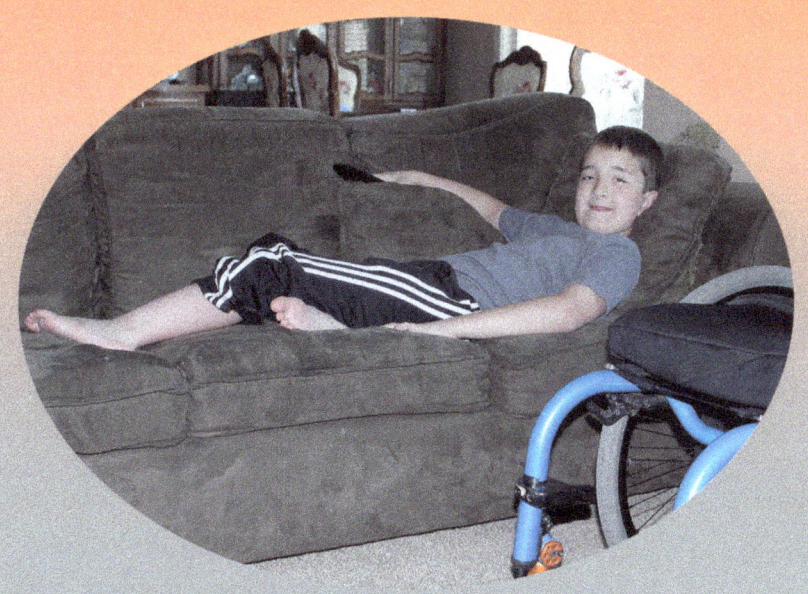

Pienso en ello cuando veo películas.
Pienso en ello cuando estoy en la juguetería.
Pienso en ello cuando leo.

Mi silla de ruedas o mi andador serán parte de mi disfraz.
Creo que mi silla de ruedas funcionará mejor.
Así podré usarlo en el desfile de Halloween de la escuela.

Podemos ponerle algo a mi silla de ruedas por delante o por detrás.
Puede ser cualquier cosa que yo imagine.
Cuando sea parte de mi disfraz, ya no se verá como una silla de ruedas.

Pienso en mi disfraz de diferentes maneras.
Tengo tantas ideas.

Quiero algo que nadie haya visto nunca.
Quiero algo emocionante.

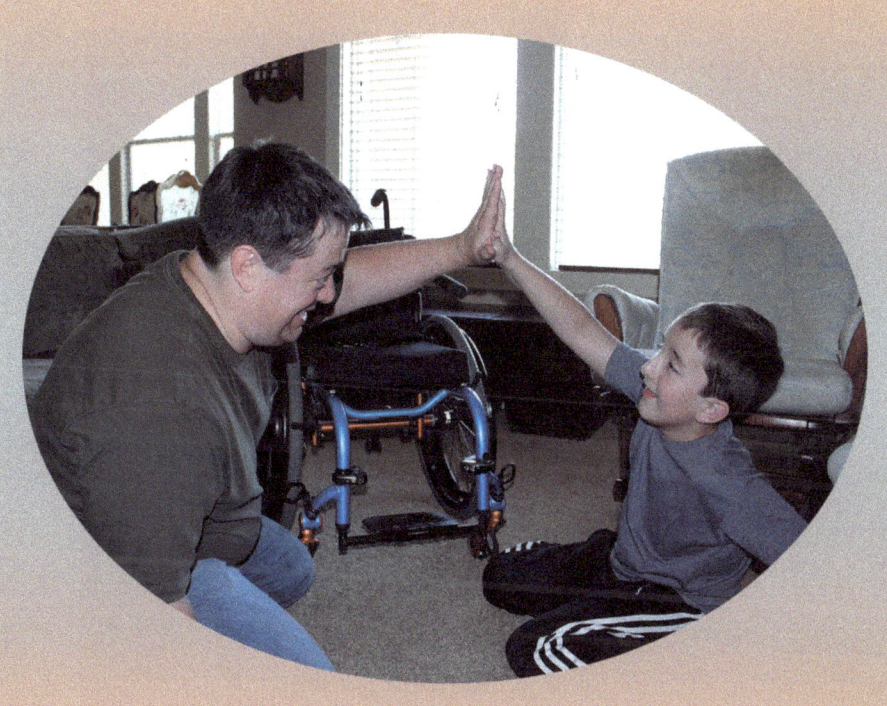

"Oye, papá, ¡ya sé exactamente lo que quiero que sea!"

Capítulo Tres
Yo imagino

Mi vecina Dianne me pregunta,
"¿qué vas a ser para Halloween?"
Yo le doy una pista.
"Es algo hecho de metal."

"Papá, ésta es mi idea.".
Él dibuja mientras hablo.
Callen dice, "papá dibuja."

"Eso no es exactamente lo que quiero, papá."
Papá hace cambios a sus dibujos.
Él me hace preguntas sobre mi idea.

Hablamos de formas.
Hablamos de colores.

Hablamos de cómo podrían moverse las partes.
Hablamos de cómo uniríamos las piezas.

Mi disfraz tendrá muchas piezas,
y su nombre será Ruedas.

No dejo de pensar en cómo va a funcionar mi disfraz.
Pienso en ello cuando me estoy vistiendo.
Pienso en ello cuando estoy en el auto.
Pienso en ello cuando estoy cenando.
Hay mucho en qué pensar.

Es la hora de dormir y estoy cansado.
Tuve que hacer la tarea y tomar un baño.
Sé que debería estar durmiendo.

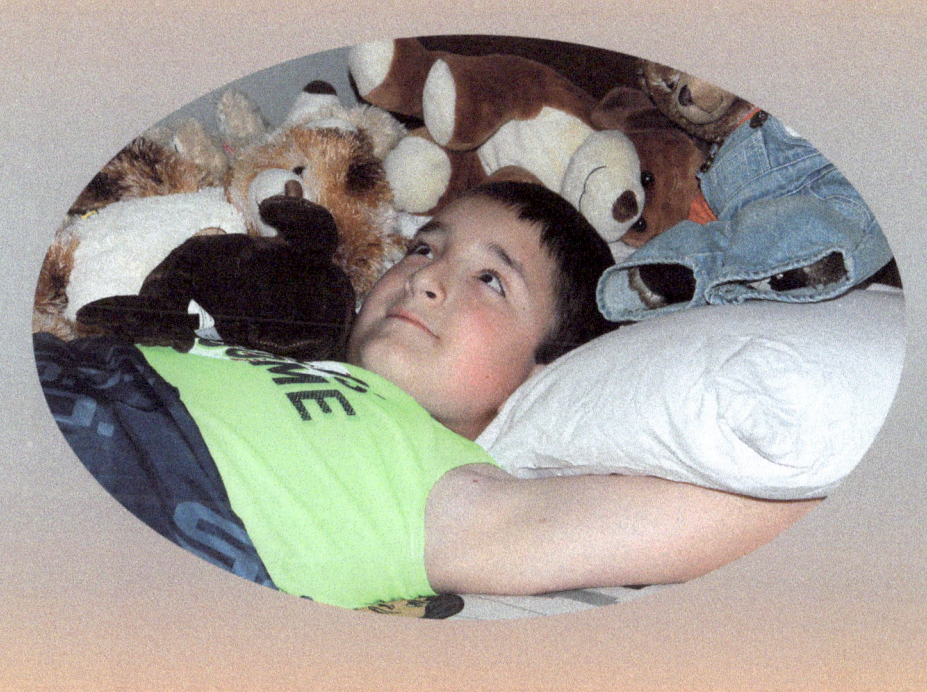

Pero mi mente sigue trabajando.
Acabo de pensar en algo más.

Capítulo Cuatro
Yo planifico

Mi amigo Nathan me pregunta,
"¿qué vas a ser para Halloween?"
Yo le doy una pista.
"Es algo que puede hacerme ir rápido."

Papá dice: "Los dibujos ya están terminados."
Es hora de planificar cómo vamos a construir mi disfraz.
¿Qué piezas tiene?
¿Cómo vamos a unirlas?
¿Qué materiales necesitamos?
Hacemos una lista.

Necesitamos palos de madera y tubos de PVC.
Con ellos vamos a hacer la estructura.

Necesitamos pequeños bloques de madera.
Les daremos forma de gancho.
Con ellos engancharemos la estructura a mi silla de ruedas.

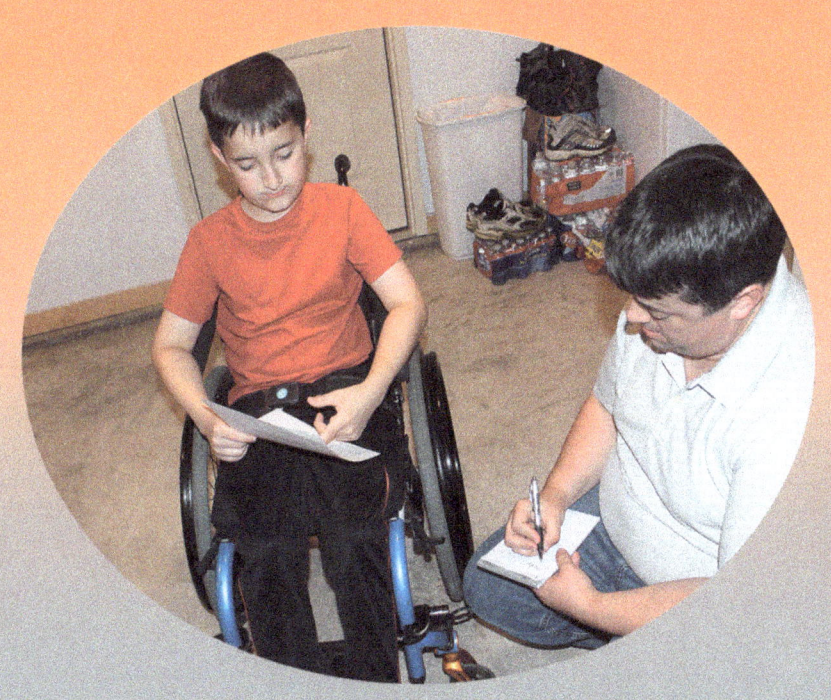

Necesitamos cartón espuma.
Es fácil de cortar en diferentes formas.
También necesitamos pegamento, pintura en aerosol, pintura común y marcadores.

Ah, y una cosa más.
Es algo muy grande.
Necesitamos un barril de 55 galones.
Papá hace una búsqueda en la computadora.
¡Oh, no! Es demasiado caro.
Bueno, no podremos contar con eso.

"Papá, mejor llamamos a la abuela y al abuelo."
Papá sugiere que usemos tapetes de goma espuma.
Podemos cortarlos y darles la forma de un tambor.

La abuela sugiere que consigamos largos tubos de cartón.
Con ellos haremos otra parte de mi disfraz.

Hacemos nuevos dibujos y un nuevo plan.
No necesitaremos el cartón espuma ni el barril de 55 galones.
Usaremos los tapetes de goma espuma y los tubos de cartón.
"Papá, creo que así será aún mejor."

Capítulo Cinco
Yo mido

Mi amiga Marissa me pregunta,
"¿qué vas a ser para Halloween?"
Ella está muy impaciente por ver mi disfraz.
Yo le doy a una pista.
"Me ayuda a llegar a diferentes lugares."

Papá dice, "tenemos que tomar medidas."
Medimos las ruedas.
¿Qué tan grandes son?

Medimos los brazos de la silla.
¿Qué tan largos son?
¿Qué tan anchos son?
Medimos toda mi silla de ruedas.

Papá y yo analizamos mi silla de ruedas.
Pensamos de dónde se sujetará mi disfraz.
Escogemos los mejores puntos de enganche.
En estos pondremos los ganchos de madera.
Con ellos sujetaremos mi disfraz a mi silla de ruedas.

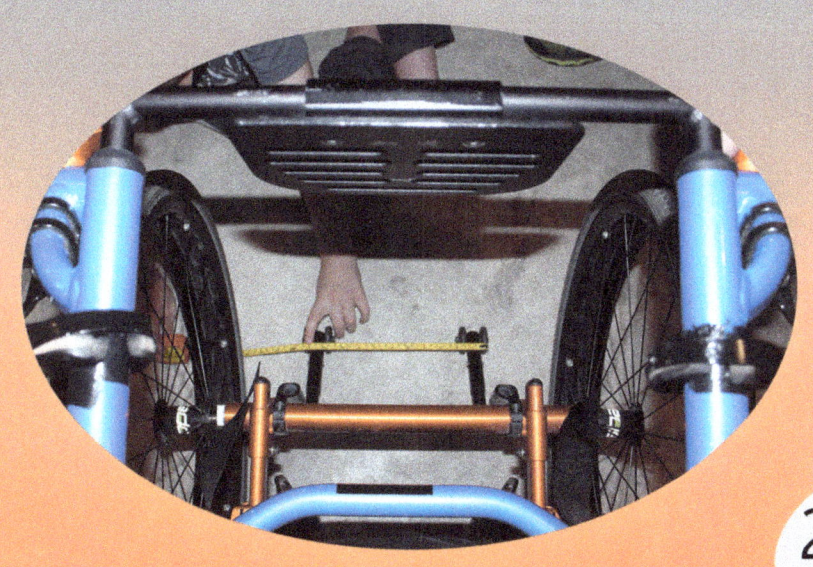

¿Qué distancia hay entre los puntos de enganche?

Medimos entre los puntos.
Una pieza de la estructura irá entre dos puntos.
Ahora sabemos de qué tamaño hacer cada pieza.

"Papá, no olvides medirme a mí."
Mi disfraz necesita ajustarse a mi silla de ruedas conmigo sentado en ella.

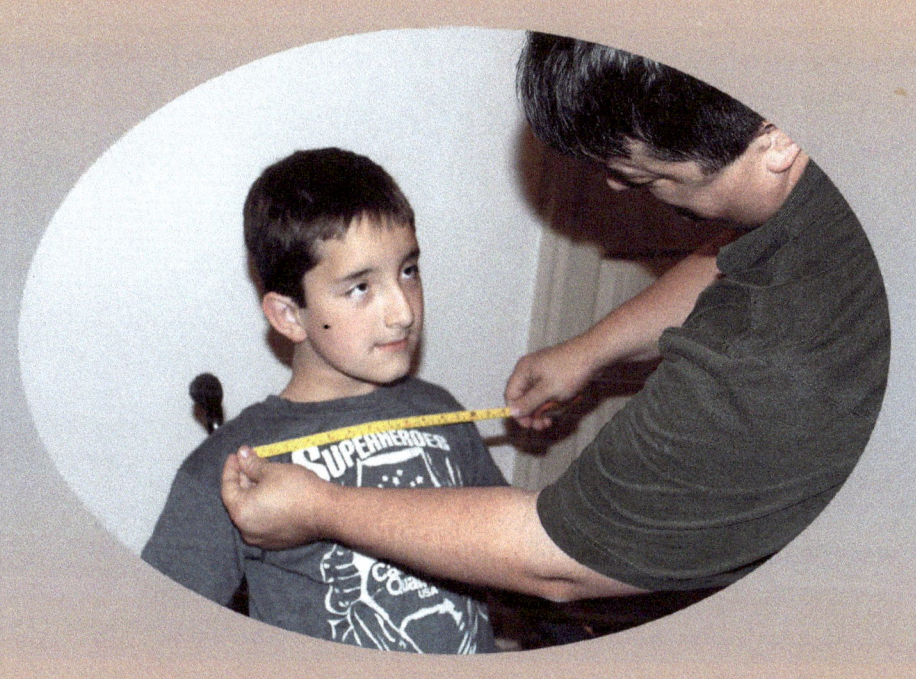

Papá mide mis hombros.
Papá mide mi pecho y mi espalda.
Luego dibuja los patrones de las piezas que usaré.

Capítulo Seis
Yo construyo

Mi mejor amigo, Austin, me ruega que le cuente,
"¿qué vas a ser para Halloween?"
Yo le doy una pista.
"No es real."

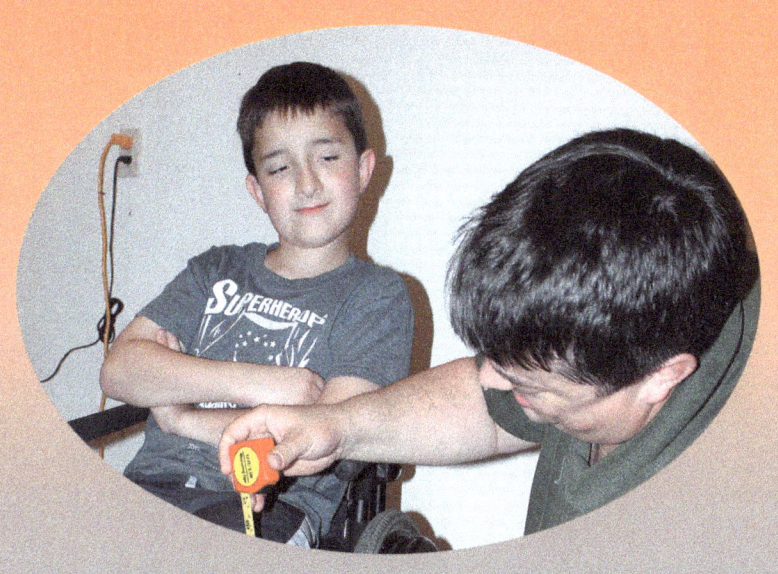

Es hora de empezar a construir.
¡Estoy muy emocionado!
Callen también está emocionado.
Estamos construyendo algo nunca antes visto.

Papá hace los patrones de las formas que necesitamos.
Yo trazo los patrones en el tapete de goma espuma.
A medida que él corta las piezas, las va amontonando en una pila.
Es como un gran rompecabezas.
Callen dice, "yo ayudo."

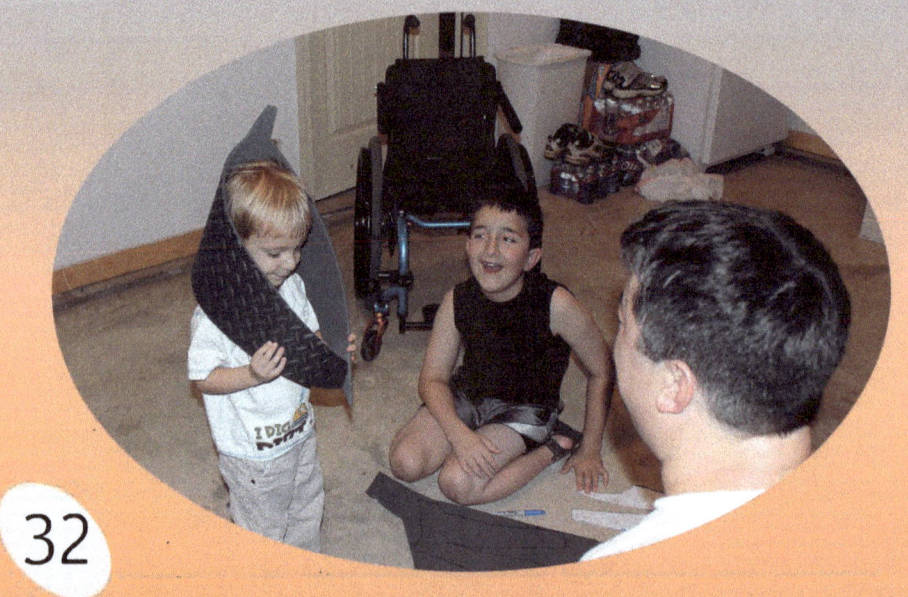

Papá y yo pegamos los trozos de goma espuma. Por lo general, yo sostengo las piezas para que papá las pueda pegar.

Papá a veces me deja ayudarle a pegar.
¡Es emocionante!
Ya empiezo a ver la forma de mi disfraz.

Papá utiliza la sierra eléctrica.
Corta los palos de madera y los tubos de
PVC mientras yo los sostengo.

Tenemos un montón de piezas que cortar para
la estructura.
Pegamos las piezas de goma espuma a los tubos
de PVC.
"Papá, no puedo creer cómo está tomando forma."

Capítulo Siete
Sorpresa

Callen pregunta, "¿qué es eso?"
Le digo que es mi disfraz de Halloween.
Finalmente le doy la última pista.
"Puede volar."

Cortamos los largos tubos de cartón.
Estos hacen que mi disfraz sea más estable.
Es hora de ensamblar las piezas de mi disfraz.
¡Estoy aún más emocionado!

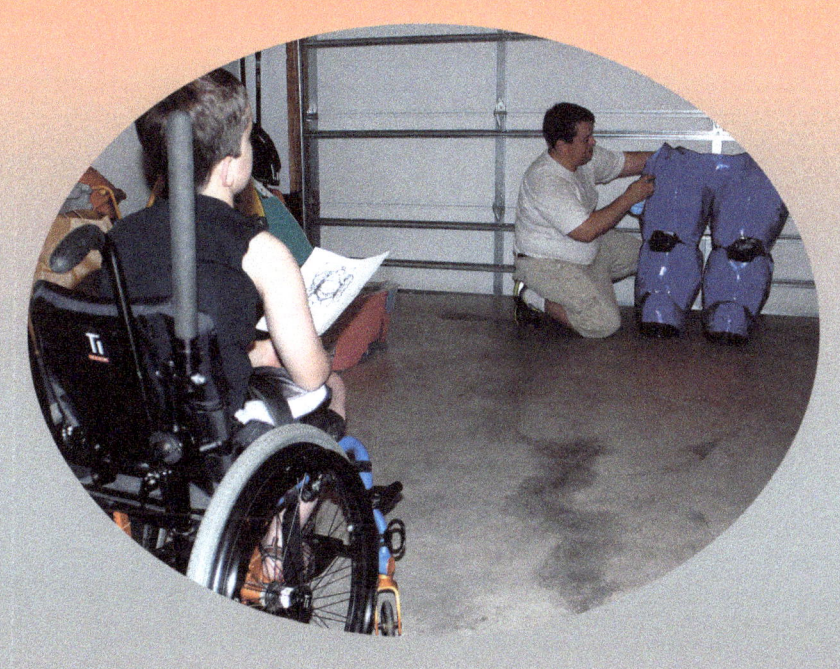

Superviso a papá mientras pinta.
Miro los dibujos.
Me hago a un lado y observo a la distancia.
Le recuerdo a papá dónde pintar cada color.

Papá es un artista maravilloso.
"Papá, eres genial."

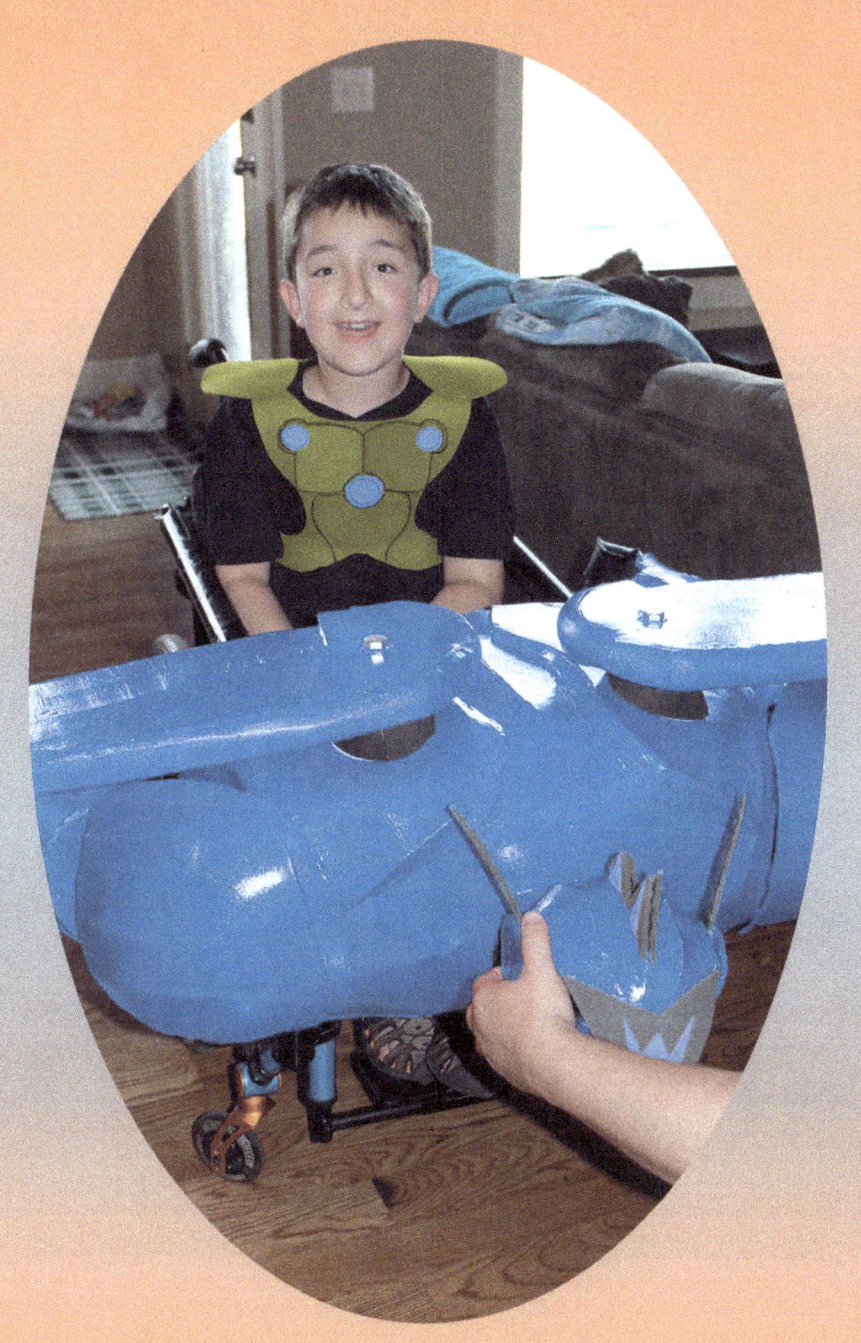

¡Guau!
Mi disfraz está terminado.
Tengo alas para volar.
"Gracias, papá.
Es mucho mejor de cómo lo imaginé."

Hoy vamos a compartir nuestro secreto.
Me muero por sorprender a todo el mundo en el desfile escolar.
Estoy listo para celebrar Halloween.
"¡Vamos, Ruedas!"

Nuestra razón de compartir esta historia...

Un tumor canceroso dañó la médula espinal de Reese. Él tiene que utilizar un andador o una silla de ruedas para trasladarse de un lugar a otro. Cuando Reese tenía tres años, su padre le hizo un disfraz de Halloween que incorporaba su silla de ruedas. Esto le ayudó a Reese a sentirse incluido y relacionarse mejor con sus compañeros en la guardería infantil.

Nosotras elegimos escribir esta historia porque Reese y su familia demuestran cómo una actividad tal como la creación de un disfraz de Halloween, ofrece muchas oportunidades para el desarrollo de las habilidades necesarias para la autodeterminación. La familia de Reese respeta y honra sus intereses, fortalezas y habilidades a lo largo del proceso. Juntos crean algo mágico.

Estamos felices de compartir nuestro emocionante viaje con Reese y su familia.

~Jo, Vera and Mary

www.ingramcontent.com/pod-product-compliance
Lightning Source LLC
Chambersburg PA
CBHW040331300426
44113CB00020B/2724